RUNNING OF THE BULLS

El encierro

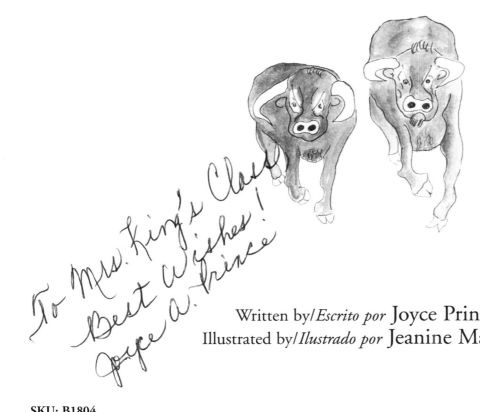

Written by/*Escrito por* Joyce Prince
Illustrated by/*Ilustrado por* Jeanine Madden

To Mrs. King's Class
Best Wishes!
Joyce A. Prince

SKU: B1804
ISBN: 0-7560-0610-4

Hola, me llamo Eduardo.
Vivo en España. Es un país muy
bonito e interesante.

Hi, my name is Eduardo.
I live in Spain. It is a very pretty
and interesting country.

Aunque a mí me gusta viajar, a mi mejor amigo, Patricio, no le gusta. Prefiere quedarse en casa todos los días. Estoy contento cuando visito muchos sitios diferentes, porque me gusta mucho viajar a otras partes de mi país. Pero es mucho más divertido ir con Patricio.

Although I like to travel, my best friend Patricio does not. He prefers to stay at home every day. I am happy when I visit many different places because I like to travel a lot to other parts of my country. But it is more fun to go with Patricio.

Después de hablar mucho con Patricio, de Pamplona y sus fiestas, él decide viajar allí conmigo.

Pamplona está en la parte norte de España, en la provincia de Navarra.

After talking a lot to Patricio about Pamplona and its fiestas, he decides to go there with me.

Pamplona is in the northern part of Spain in the province of Navarra.

Mientras viajamos a Pamplona, Patricio me pregunta:
–¿Qué hay en Pamplona? ¿Hay montañas, muchos árboles, ríos y edificios antiguos? ¿Hay mucha gente?

While we're traveling to Pamplona, Patricio asks, "What is there in Pamplona? Are there mountains, many trees, rivers, and ancient buildings? Are there a lot of people?"

–Sí, hay de todo un poco pero las fiestas de San Fermín son verdaderamente magníficas. Todo el mundo está alegre y hay mucha emoción entre los pamploneses. Hay música alegre, colores vivos, falta de sueño y un montón de gente. El evento más emocionante es el encierro de los toros. Es muy peligroso.

–¿Qué pasa durante las fiestas? –me pregunta Patricio.

"Yes, there's a little of everything, but the fiestas of San Fermín are truly magnificent. Everybody is happy and there's a lot of excitement among the townspeople. There is happy music, bright colors, lack of sleep, crowds of people and the most exciting event is the running of the bulls. It is very dangerous."

"What happens during the fiestas?" asks Patricio.

-El primer día de las celebraciones los hombres de la ciudad llevan la figura de San Fermín por las calles. San Fermín es el santo patrón de Pamplona y la provincia de Navarra. También es el patrono de los panaderos, los zapateros y los viñadores. Hay un desfile de figuras gigantescas, gaiteros y bandas de música. Después del desfile todos salen a las calles para esperar el encierro de los toros.

"*The first day of the celebrations, the men of the city carry the figure of San Fermín through the streets. San Fermín is the patron saint of Pamplona and the province of Navarra. He is also the patron of bakers, cobblers, and winemakers. There is a parade of giant figures, persons playing bagpipe-like instruments, and music bands. After the parade, everyone goes out into the streets to wait for the running of the bulls.*"

Cada día de esa semana la gente espera con mucha emoción el comienzo de las fiestas. A las ocho de la mañana un cohete anuncia el encierro de los toros por las calles.

"Each day of that week, the crowd eagerly awaits the beginning of the fiestas. At eight o'clock in the morning a rocket announces the running of the bulls through the streets."

Cuando el cohete vuela por los aires hay una estampida de toros por las calles. También hay muchas personas valientes y alocadas que corren delante de los toros.

–¿Vamos a correr, Eduardo? Yo soy muy valiente y corro muy rápido. ¿Corremos con los toros?

Pero… después de ver los enormes toros, Patricio dice que es mejor sólo ver en vez de participar. Es un pájaro muy sabio.

"When the rocket flies through the air there is a stampede of bulls through the streets. There are also many brave and crazy people who run in front of the bulls."

"Are we going to run, Eduardo? I am very brave and I run very fast. Are we running with the bulls?"

But… after seeing the huge bulls, Patricio says that it is better just to watch instead of taking part. He is a very wise bird.

-Este recorrido de los toros dura aproximadamente tres minutos. Es una carrera breve pero puede alargarse si el toro se mete a correr entre la gente. ¡Qué peligroso, Patricio! ¡Y tonto también!

Mientras los toros corren, corren y corren, el reloj marca los minutos, las horas y los días de la fiesta. Por fin, marca la última hora del último día de la fiesta.

"*This running of the bulls lasts about three minutes. The race is short, but may take longer if the bulls run in and out of the people. How dangerous, Patricio! And stupid, also!*"

While the bulls run, run, and run, the clock strikes the minutes, hours, and days of the fiesta. Finally it strikes the last hour of the last day of the fiesta.

Es medianoche del 14 de julio.

—¿Qué pasa ahora? —pregunta Patricio —¿Se van todos a casa?

—Pues, se oye gritar "El pamplonés" y "Viva San Fermín" a la medianoche del 14 de julio. Hay como un lamento generalizado por toda la ciudad.

—¿Por qué?

—Porque es el fin de la celebración. La gente canta: "Pobre de mí, pobre de mí, que se han acabado las fiestas de San Fermín".

—¿Por qué van todos a la Plaza Consistorial? —grita Patricio.

—Porque van a escuchar las doce campanadas que anuncian el punto final de la celebración hasta el año próximo.

It is midnight on July 14th.

"What happens now?" asks Patricio. "Does everyone go home?"

"Well, we hear people shout 'El pamplonés' and 'Long Live San Fermín' when July 14th ends at midnight. There is a kind of general sigh throughout the city."

"Why?"

"Because it is the end of the celebration. The people sing: 'Poor me, poor me, because the fiestas of San Fermín are over.'"

"Why is everyone going to the Central Plaza?" shouts Patricio.

"Because they are going to listen to the 12 strokes of the clock that announce the final moment of the celebration until next year."

Patricio y yo estamos muy cansados pero muy contentos. Tenemos que regresar a nuestro pueblo para recuperar la energía. Ahora Patricio no quiere ir a su casa después de haber pasado tantos días y tantas noches interesantes en Pamplona.

—El año que viene voy a correr con ellos. Soy muy valiente —añade Patricio.

—¡Yo no! ¡Tú estás loco! Yo voy a ver todo desde un balcón!

Patricio and I are very tired but very happy. We have to return to our village in order to regain our energy. Now Patricio does not want to go home because he spent so many interesting days and nights in Pamplona.

"Next year, I am going to run with them. I'm very brave," adds Patricio.

"Not me! You are crazy! I am going to watch everything from a balcony."

Fue una semana fascinante y Pamplona es una ciudad emocionante.

¡Viva Pamplona! ¡Vivan los toros! ¡Viva San Fermín!

¡Ahora a casa a dormir!

¿Continuará?

It was a fascinating week and Pamplona is an exciting city.

Long live Pamplona! Long live the bulls! Long live San Fermín!

Now home to sleep!

The end?

CPSIA information can be obtained at www.ICGtesting.com
Printed in the USA
BVIW12n0000230716
456597BV00001B/1

* 9 7 8 0 7 5 6 0 0 6 1 0 5 *